亲亲科学图书馆

MW01705612

自行车

〔法〕史黛芬妮·勒迪/文
〔法〕亚历山大·弗朗/图
沈志红/译

APGTIME 时代出版
时代出版传媒股份有限公司
安徽教育出版社

学骑自行车，就像是经历一次大冒险。

小宝宝可以从平衡车开始学起，因为它可以帮助我们找到身体的平衡。

大一点儿的宝宝可以骑带辅助轮的儿童自行车……
再过一段时间，就可以去掉辅助轮，勇敢地向前冲啦！

还担心自己骑不好吗？自行车推杆可以帮助我们：让爸爸或妈妈扶着推杆，在我们摔倒前把自行车扶正！

要想成为一位真正的自行车赛冠军，必须先从一辆与自己个头大小相当的自行车练起，不要太大或太小。

头盔、手套和护膝可以保护我们免于被撞伤和擦伤。

大一点儿的宝宝可以骑带辅助轮的儿童自行车……
再过一段时间，就可以去掉辅助轮，勇敢地向前冲啦！

还担心自己骑不好吗？自行车推杆可以帮助我们：让爸爸或妈妈扶着推杆，在我们摔倒前把自行车扶正！

要想成为一位真正的自行车赛冠军，必须先从一辆与自己个头大小相当的自行车练起，不要太大或太小。

头盔、手套和护膝可以保护我们免于被撞伤和擦伤。

在加快速度时，一定要正视前方，这样才不容易摔倒……但是，“砰！”有时候，我们还是会摔倒。需要花点儿时间，才能学会如何保持平衡、稳稳地转弯和刹车。

在上公路骑车之前，我们可以先去公园、乡间小路或其他人少车少的小路上练一练。

瞧，一群自行车运动员过来了！

他们骑车上路时，要遵守交通指示牌的提示，排成单列，鱼贯而行，转弯之前要伸出手臂示意……

这些自行车上都装着安全距离警示杆，可以让骑行者们很容易被看见，同时也能与汽车保持安全的距离。

给轮胎打气，给链条上油，调紧刹车：我们的自行车需要保养维护！出于安全考虑，自行车的前后都需要安上车灯。

当自行车轮胎爆裂时，这个小工具包就十分有用了。骑车兜风回来，用水冲冲，自行车就又变回鲜亮的颜色了。

你见过公园里的德莱斯式自行车吗？这种车是两百多年前发明的，是自行车的“祖先”。当时，人们是用脚蹬着地面驱动着它的木轮前进的。这种车特别重，而且没有刹车——当心下坡哟！

那个时候，人们觉得这种德莱斯式自行车特别可笑。
但是骑上它走，要比走路快三倍。

后来，机械制造业日趋完善。十九世纪，人们发明了踏板、刹车、链条和轮胎。在这之前，自行车的车轮都是铁箍的。

那个时候，一些式样奇特的自行车被生产出来，又慢慢消失。“大自行车”[1]怎么样？太危险！三轮脚踏车呢？倒是很稳，却又大又笨重。

[1] 1882 年，标致公司制成第一辆自行车——“大自行车”。

那种老式两轮车却越来越受欢迎。一位英国制造者给它起了一个新名字：自行车。这个名字一直沿用到了今天！

今天，自行车是全世界最为普及的交通工具。目前，一共有 15 亿辆自行车在地球上穿行着！

荷兰是自行车王国。这里很适合骑自行车，因为地势平坦，而且到处都有自行车车道。

荷兰自行车是为城市生活而设计的，特别舒适。在公路上，我们还能看到很多可以躺着骑的自行车！

与汽车或卡车相比，自行车既实用又便宜。

在亚洲，自行车还被用来运输重物和搭载乘客。“嘿哟！嘿哟！”你们能想象得到这位自行车的士（也叫人力三轮车）司机载着游客到处游玩时的辛苦吗？

在这里，一辆自行车可以用很长时间，因为我们可以用手边的材料去修理它。

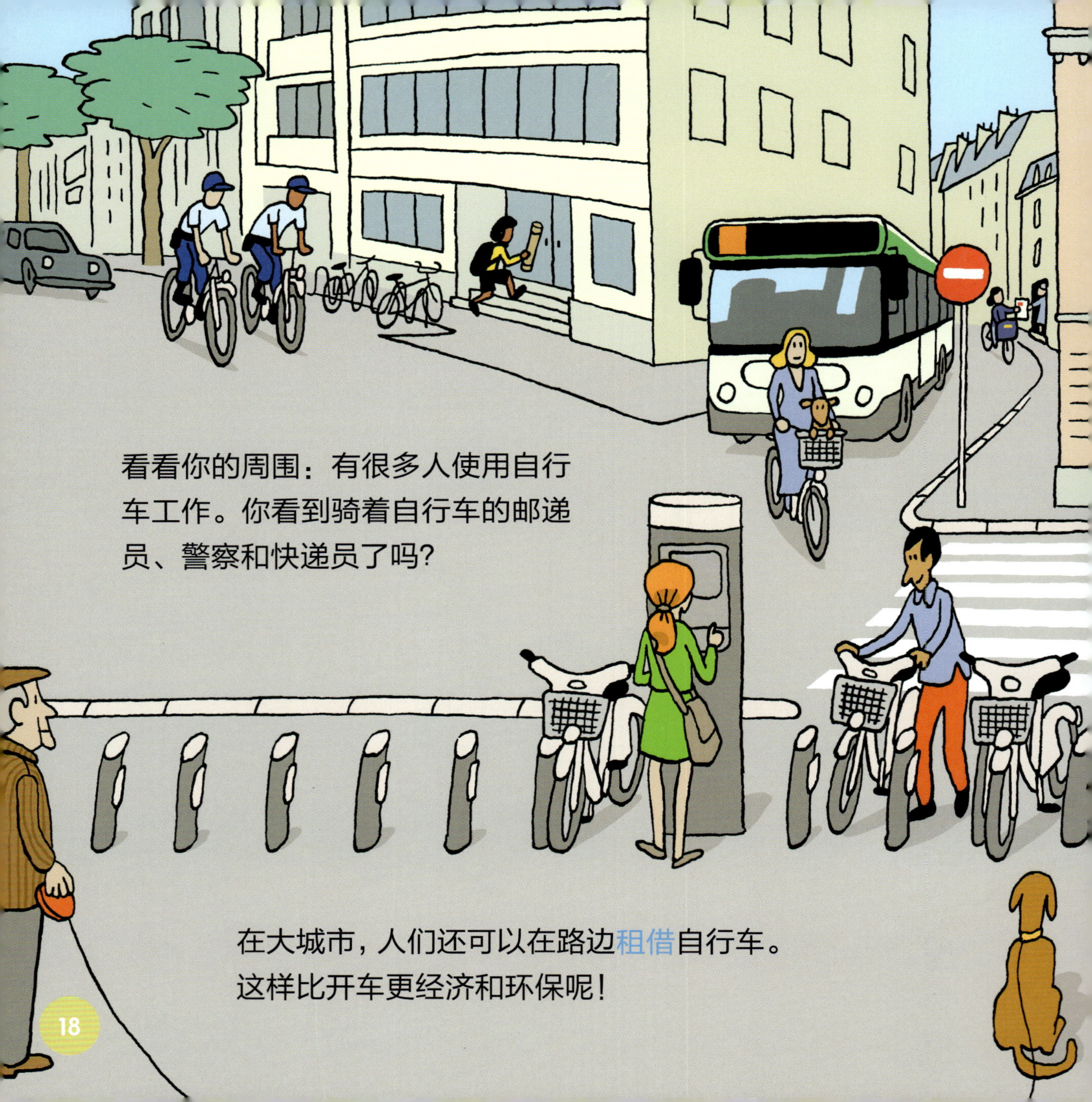

看看你的周围：有很多人使用自行车工作。你看到骑着自行车的邮递员、警察和快递员了吗？

在大城市，人们还可以在路边租借自行车。这样比开车更经济和环保呢！

自行车巴士是一种非常出色的接送学生的交通工具。

骑电动自行车会省点儿力气。这位先生骑的就是电动自行车，这样，他既锻炼了身体，也不会在到达办公室时汗流浃背。

自行车运动是一种锻炼肌肉、呼吸和灵活度的运动，它包含了几个不同的运动项目。

在场地自行车赛场上，赛道上的运动员们不断挑战着自行车的速度纪录。

山地自行车运动（MTB）需要运动员们骑车从陡峭的坡面上冲下来，或者在高低不平的道路上骑行。

自行车越野运动（BMX）需要运动员们骑着小轮车竞速或者在小轮车上完成各种各样的极限动作。真是棒极了！

最著名的项目是公路自行车运动。
每年，那些最优秀的运动员们会在各大著名
赛事里碰面。

谁想尝试巴黎－鲁贝自行车赛？

这个比赛会经过很多石块路，下雨的时候会非常滑。

所以，这项赛事又被戏称为“北部地狱”！

世界上最著名的自行车赛事是环法自行车赛。二十多支队伍要历经 21 个赛段，总赛程超过 3000 千米。

不同赛段的冠军会用不同的骑行衫来区分：身着白底红点骑行衫的是爬坡赛段领先者，冲刺阶段领先者会被授予绿色骑行衫，总成绩领先者将被授予黄色骑行衫。

环法自行车赛的终点在巴黎香榭丽舍大街，
无数人会在那里为获胜者欢呼致敬！

我们可以骑着自行车去兜风，欣赏风景，认识不一样的人……它让我们更自由。

有些人甚至准备骑着自行车周游世界呢！独自出行，或者结伴而行，或者和家人一同出行……无论选择哪一种方式，都祝大家旅途愉快！

图书在版编目（CIP）数据

亲亲科学图书馆. 自行车 / (法) 史黛芬妮·勒迪文 ; (法) 亚历山大·弗朗图 ; 沈志红译. — 合肥 : 安徽教育出版社, 2016

ISBN 978-7-5336-8445-7

Ⅰ. ①亲… Ⅱ. ①史… ②亚… ③沈… Ⅲ. ①科学知识—儿童读物②自行车—儿童读物 Ⅳ. ①Z228.1②U484-49

中国版本图书馆CIP数据核字(2016)第291918号

亲亲科学图书馆：自行车

QINQIN KEXUE TUSHUGUAN： ZIXINGCHE

出 版 人：郑 可　策 划：阿卡狄亚　装帧设计：张侨玲　译文审订：张 蕾
质量总监：张丹飞　责任编辑：陈海燕　特约编辑：申利静

出版发行：时代出版传媒股份有限公司　安徽教育出版社
地　　址：合肥市经开区繁华大道西路398号　邮编：230601
网　　址：http://www.ahep.com.cn
营销电话：（0551）63683012，63683013
印　　刷：小森印刷（北京）有限公司

开　　本：787毫米×1194毫米　1/24　印张：1.25　字数：15.625千字
版　　次：2017年1月第1版　2020年4月第5次印刷
ISBN 978-7-5336-8445-7　定价：12.00元